The

Household

Purchased

CONGRATULATIONS!

You've decided to start a home renovation project. Now what?

Use this organizer to track your remodeling projects and ideas room by room and keep information in one place.

Each section includes lists for the room measurements and requirements, space to jot down decor and style ideas, and a sketchpad area for furniture or renovation designs. There is also a Master Checklist section at the end to list all of the steps, permits, materials, etc you will need to complete the project.

Good luck and happy renovation!

QUICK TIPS
for Home Renovation Projects

1. Create a budget before designing

2. Decide when the project is too complex, and you need to hire a contractor

3. "Interview" contractors first. Choose based on their experience and if you can communicate with them

4. Buy materials before work begins

5. If the contractor says your ideas won't work, have them explain why and describe alternmatives

6. There will be surprises. Add extra time and money to your project plan

1

Room Name

_____

**Renovating is not about making a
house look new...
house look new...
it's about making it home.**

Room Vision

Room Requirements

- [ ] L x W x H
- [ ] _____
- [ ] _____
- [ ] _____
- [ ] _____
- [ ] _____
- [ ] _____
- [ ] _____
- [ ] _____
- [ ] _____
- [ ] _____

Decor & Style Ideas

_____

_____

_____

_____

_____

_____

_____

_____

_____

_____

Sketchpad

Progress Tracker

Weekly Goals

- ☐ _____
- ☐ _____
- ☐ _____
- ☐ _____
- ☐ _____
- ☐ _____
- ☐ _____
- ☐ _____
- ☐ _____
- ☐ _____

Questions & Issues

_____
_____
_____
_____
_____
_____
_____
_____
_____
_____

To-Do

- •
- •
- •
- •
- •
- •
- •
- •
- •

Material Shopping List

- ☐ _____
- ☐ _____
- ☐ _____
- ☐ _____
- ☐ _____
- ☐ _____
- ☐ _____
- ☐ _____
- ☐ _____
- ☐ _____

Progress Tracker

Weekly Goals

☐ _____
☐ _____
☐ _____
☐ _____
☐ _____
☐ _____
☐ _____
☐ _____
☐ _____
☐ _____

Questions & Issues

_____
_____
_____
_____
_____
_____
_____
_____
_____
_____

To-Do

•

•

•

•

•

•

•

•

•

•

Material Shopping List

☐ _____
☐ _____
☐ _____
☐ _____
☐ _____
☐ _____
☐ _____
☐ _____
☐ _____
☐ _____

Progress Tracker

Weekly Goals

- [ ] _____
- [ ] _____
- [ ] _____
- [ ] _____
- [ ] _____
- [ ] _____
- [ ] _____
- [ ] _____
- [ ] _____
- [ ] _____

Questions & Issues

_____

_____

_____

_____

_____

_____

_____

_____

_____

_____

To-Do

-
-
-
-
-
-
-
-
-
-

Material Shopping List

- [ ] _____
- [ ] _____
- [ ] _____
- [ ] _____
- [ ] _____
- [ ] _____
- [ ] _____
- [ ] _____
- [ ] _____
- [ ] _____

Progress Tracker

Weekly Goals

- ☐ _____
- ☐ _____
- ☐ _____
- ☐ _____
- ☐ _____
- ☐ _____
- ☐ _____
- ☐ _____
- ☐ _____
- ☐ _____

Questions & Issues

_____

_____

_____

_____

_____

_____

_____

_____

_____

To-Do

- •
- •
- •
- •
- •
- •
- •
- •
- •

Material Shopping List

- ☐ _____
- ☐ _____
- ☐ _____
- ☐ _____
- ☐ _____
- ☐ _____
- ☐ _____
- ☐ _____
- ☐ _____
- ☐ _____

Notes

Sketchpad

Notes

Sketchpad

2 Room Name
_____

**Ideally, live in a house for one year
before you remodel.**

Room Vision

Room Requirements

- [ ] L x W x H
- [ ] _____
- [ ] _____
- [ ] _____
- [ ] _____
- [ ] _____
- [ ] _____
- [ ] _____
- [ ] _____
- [ ] _____
- [ ] _____

Decor & Style Ideas

_____

_____

_____

_____

_____

_____

_____

_____

_____

_____

_____

Sketchpad

Progress Tracker

Weekly Goals

- [ ] _____
- [ ] _____
- [ ] _____
- [ ] _____
- [ ] _____
- [ ] _____
- [ ] _____
- [ ] _____
- [ ] _____
- [ ] _____

Questions & Issues

_____

_____

_____

_____

_____

_____

_____

_____

_____

_____

To-Do

-
-
-
-
-
-
-
-
-

Material Shopping List

- [ ] _____
- [ ] _____
- [ ] _____
- [ ] _____
- [ ] _____
- [ ] _____
- [ ] _____
- [ ] _____
- [ ] _____
- [ ] _____

Progress Tracker

Weekly Goals

☐ _____
☐ _____
☐ _____
☐ _____
☐ _____
☐ _____
☐ _____
☐ _____
☐ _____
☐ _____

Questions & Issues

_____
_____
_____
_____
_____
_____
_____
_____
_____
_____

To-Do

•
•
•
•
•
•
•
•
•
•

Material Shopping List

☐ _____
☐ _____
☐ _____
☐ _____
☐ _____
☐ _____
☐ _____
☐ _____
☐ _____
☐ _____

Progress Tracker

Weekly Goals

- [ ] _____
- [ ] _____
- [ ] _____
- [ ] _____
- [ ] _____
- [ ] _____
- [ ] _____
- [ ] _____
- [ ] _____
- [ ] _____

Questions & Issues

_____

_____

_____

_____

_____

_____

_____

_____

_____

_____

To-Do

-
-
-
-
-
-
-
-
-

Material Shopping List

- [ ] _____
- [ ] _____
- [ ] _____
- [ ] _____
- [ ] _____
- [ ] _____
- [ ] _____
- [ ] _____
- [ ] _____
- [ ] _____

Progress Tracker

Weekly Goals

- ☐ _____
- ☐ _____
- ☐ _____
- ☐ _____
- ☐ _____
- ☐ _____
- ☐ _____
- ☐ _____
- ☐ _____
- ☐ _____

Questions & Issues

_____

_____

_____

_____

_____

_____

_____

_____

_____

_____

To-Do

- •
- •
- •
- •
- •
- •
- •
- •
- •

Material Shopping List

- ☐ _____
- ☐ _____
- ☐ _____
- ☐ _____
- ☐ _____
- ☐ _____
- ☐ _____
- ☐ _____
- ☐ _____
- ☐ _____

Notes

_____

_____

_____

_____

_____

_____

_____

_____

_____

_____

_____

_____

Sketchpad

Notes

Sketchpad

3 Room Name

_____

Renovation will be messy,
but it will be worth it.

Room Vision

Room Requirements

- [ ] L x W x H
- [ ] _____
- [ ] _____
- [ ] _____
- [ ] _____
- [ ] _____
- [ ] _____
- [ ] _____
- [ ] _____
- [ ] _____
- [ ] _____

Decor & Style Ideas

_____

_____

_____

_____

_____

_____

_____

_____

_____

_____

_____

Sketchpad

Progress Tracker

Weekly Goals

☐ _____
☐ _____
☐ _____
☐ _____
☐ _____
☐ _____
☐ _____
☐ _____
☐ _____
☐ _____

Questions & Issues

_____
_____
_____
_____
_____
_____
_____
_____
_____
_____

To-Do

-
-
-
-
-
-
-
-
-

Material Shopping List

☐ _____
☐ _____
☐ _____
☐ _____
☐ _____
☐ _____
☐ _____
☐ _____
☐ _____
☐ _____

Progress Tracker

Weekly Goals

☐ _____

☐ _____

☐ _____

☐ _____

☐ _____

☐ _____

☐ _____

☐ _____

☐ _____

☐ _____

Questions & Issues

_____

_____

_____

_____

_____

_____

_____

_____

_____

To-Do

•

•

•

•

•

•

•

•

•

•

Material Shopping List

☐ _____

☐ _____

☐ _____

☐ _____

☐ _____

☐ _____

☐ _____

☐ _____

☐ _____

☐ _____

Progress Tracker

Weekly Goals

- ☐ _____
- ☐ _____
- ☐ _____
- ☐ _____
- ☐ _____
- ☐ _____
- ☐ _____
- ☐ _____
- ☐ _____
- ☐ _____

Questions & Issues

_____

_____

_____

_____

_____

_____

_____

_____

_____

To-Do

- •
- •
- •
- •
- •
- •
- •
- •
- •

Material Shopping List

- ☐ _____
- ☐ _____
- ☐ _____
- ☐ _____
- ☐ _____
- ☐ _____
- ☐ _____
- ☐ _____
- ☐ _____
- ☐ _____

Progress Tracker

Weekly Goals

- [ ] _____
- [ ] _____
- [ ] _____
- [ ] _____
- [ ] _____
- [ ] _____
- [ ] _____
- [ ] _____
- [ ] _____
- [ ] _____

Questions & Issues

_____

_____

_____

_____

_____

_____

_____

_____

_____

To-Do

-
-
-
-
-
-
-
-
-
-

Material Shopping List

- [ ] _____
- [ ] _____
- [ ] _____
- [ ] _____
- [ ] _____
- [ ] _____
- [ ] _____
- [ ] _____
- [ ] _____
- [ ] _____

Notes

_____

_____

_____

_____

_____

_____

_____

_____

_____

_____

_____

Sketchpad

Notes

Sketchpad

4 Room Name

Renovators don't need a sense of humor,
but it helps.

Room Vision

Room Requirements

- [ ] L x W x H
- [ ] _____
- [ ] _____
- [ ] _____
- [ ] _____
- [ ] _____
- [ ] _____
- [ ] _____
- [ ] _____
- [ ] _____
- [ ] _____

Decor & Style Ideas

_____
_____
_____
_____
_____
_____
_____
_____
_____
_____
_____

Sketchpad

Progress Tracker

Weekly Goals

☐ _____
☐ _____
☐ _____
☐ _____
☐ _____
☐ _____
☐ _____
☐ _____
☐ _____
☐ _____

Questions & Issues

_____
_____
_____
_____
_____
_____
_____
_____
_____
_____

To-Do

-
-
-
-
-
-
-
-
-

Material Shopping List

☐ _____
☐ _____
☐ _____
☐ _____
☐ _____
☐ _____
☐ _____
☐ _____
☐ _____
☐ _____

Progress Tracker

Weekly Goals

- ☐ _____
- ☐ _____
- ☐ _____
- ☐ _____
- ☐ _____
- ☐ _____
- ☐ _____
- ☐ _____
- ☐ _____
- ☐ _____

Questions & Issues

_____

_____

_____

_____

_____

_____

_____

_____

_____

_____

To-Do

- •
- •
- •
- •
- •
- •
- •
- •
- •
- •

Material Shopping List

- ☐ _____
- ☐ _____
- ☐ _____
- ☐ _____
- ☐ _____
- ☐ _____
- ☐ _____
- ☐ _____
- ☐ _____
- ☐ _____

Progress Tracker

Weekly Goals

- [ ] _____
- [ ] _____
- [ ] _____
- [ ] _____
- [ ] _____
- [ ] _____
- [ ] _____
- [ ] _____
- [ ] _____
- [ ] _____

Questions & Issues

_____

_____

_____

_____

_____

_____

_____

_____

_____

_____

To-Do

-
-
-
-
-
-
-
-
-

Material Shopping List

- [ ] _____
- [ ] _____
- [ ] _____
- [ ] _____
- [ ] _____
- [ ] _____
- [ ] _____
- [ ] _____
- [ ] _____
- [ ] _____

Progress Tracker

Weekly Goals

- [ ] _____
- [ ] _____
- [ ] _____
- [ ] _____
- [ ] _____
- [ ] _____
- [ ] _____
- [ ] _____
- [ ] _____
- [ ] _____

Questions & Issues

_____
_____
_____
_____
_____
_____
_____
_____
_____
_____
_____

To-Do

-
-
-
-
-
-
-
-
-

Material Shopping List

- [ ] _____
- [ ] _____
- [ ] _____
- [ ] _____
- [ ] _____
- [ ] _____
- [ ] _____
- [ ] _____
- [ ] _____
- [ ] _____

Notes

Sketchpad

Notes

Sketchpad

5 Room Name
_____

**Choose the things you really love,
remodel with those in mind.**

Room Vision

Room Requirements

- [ ] L x W x H
- [ ] _____
- [ ] _____
- [ ] _____
- [ ] _____
- [ ] _____
- [ ] _____
- [ ] _____
- [ ] _____
- [ ] _____
- [ ] _____

Decor & Style Ideas

_____

_____

_____

_____

_____

_____

_____

_____

_____

_____

Sketchpad

Progress Tracker

Weekly Goals

- ☐ _____
- ☐ _____
- ☐ _____
- ☐ _____
- ☐ _____
- ☐ _____
- ☐ _____
- ☐ _____
- ☐ _____
- ☐ _____

Questions & Issues

_____

_____

_____

_____

_____

_____

_____

_____

_____

_____

To-Do

- •
- •
- •
- •
- •
- •
- •
- •
- •
- •

Material Shopping List

- ☐ _____
- ☐ _____
- ☐ _____
- ☐ _____
- ☐ _____
- ☐ _____
- ☐ _____
- ☐ _____
- ☐ _____
- ☐ _____

Progress Tracker

Weekly Goals

- [ ] _____
- [ ] _____
- [ ] _____
- [ ] _____
- [ ] _____
- [ ] _____
- [ ] _____
- [ ] _____
- [ ] _____
- [ ] _____

Questions & Issues

_____

_____

_____

_____

_____

_____

_____

_____

_____

_____

To-Do

-
-
-
-
-
-
-
-
-

Material Shopping List

- [ ] _____
- [ ] _____
- [ ] _____
- [ ] _____
- [ ] _____
- [ ] _____
- [ ] _____
- [ ] _____
- [ ] _____
- [ ] _____

Progress Tracker

Weekly Goals

- ☐ _____
- ☐ _____
- ☐ _____
- ☐ _____
- ☐ _____
- ☐ _____
- ☐ _____
- ☐ _____
- ☐ _____
- ☐ _____

Questions & Issues

_____

_____

_____

_____

_____

_____

_____

_____

_____

_____

To-Do

- •
- •
- •
- •
- •
- •
- •
- •
- •

Material Shopping List

- ☐ _____
- ☐ _____
- ☐ _____
- ☐ _____
- ☐ _____
- ☐ _____
- ☐ _____
- ☐ _____
- ☐ _____
- ☐ _____

Progress Tracker

Weekly Goals

- [ ] _____
- [ ] _____
- [ ] _____
- [ ] _____
- [ ] _____
- [ ] _____
- [ ] _____
- [ ] _____
- [ ] _____
- [ ] _____

Questions & Issues

_____

_____

_____

_____

_____

_____

_____

_____

_____

_____

To-Do

-
-
-
-
-
-
-
-
-
-

Material Shopping List

- [ ] _____
- [ ] _____
- [ ] _____
- [ ] _____
- [ ] _____
- [ ] _____
- [ ] _____
- [ ] _____
- [ ] _____
- [ ] _____

Notes

Sketchpad

Notes

Sketchpad

6 Room Name

_____

**Stay positive during setbacks,
the project won't last forever!**

Room Vision

Room Requirements

- [ ] L x W x H
- [ ] _____
- [ ] _____
- [ ] _____
- [ ] _____
- [ ] _____
- [ ] _____
- [ ] _____
- [ ] _____
- [ ] _____
- [ ] _____

Decor & Style Ideas

_____
_____
_____
_____
_____
_____
_____
_____
_____
_____

Sketchpad

Progress Tracker

Weekly Goals

- [ ] _____
- [ ] _____
- [ ] _____
- [ ] _____
- [ ] _____
- [ ] _____
- [ ] _____
- [ ] _____
- [ ] _____
- [ ] _____

Questions & Issues

_____

_____

_____

_____

_____

_____

_____

_____

_____

_____

To-Do

-
-
-
-
-
-
-
-
-

Material Shopping List

- [ ] _____
- [ ] _____
- [ ] _____
- [ ] _____
- [ ] _____
- [ ] _____
- [ ] _____
- [ ] _____
- [ ] _____
- [ ] _____

Progress Tracker

Weekly Goals

☐ _____
☐ _____
☐ _____
☐ _____
☐ _____
☐ _____
☐ _____
☐ _____
☐ _____
☐ _____

Questions & Issues

_____
_____
_____
_____
_____
_____
_____
_____
_____
_____

To-Do

-
-
-
-
-
-
-
-
-

Material Shopping List

☐ _____
☐ _____
☐ _____
☐ _____
☐ _____
☐ _____
☐ _____
☐ _____
☐ _____
☐ _____

Progress Tracker

Weekly Goals

☐ _____

☐ _____

☐ _____

☐ _____

☐ _____

☐ _____

☐ _____

☐ _____

☐ _____

☐ _____

Questions & Issues

_____

_____

_____

_____

_____

_____

_____

_____

_____

_____

To-Do

-
-
-
-
-
-
-
-
-

Material Shopping List

☐ _____

☐ _____

☐ _____

☐ _____

☐ _____

☐ _____

☐ _____

☐ _____

☐ _____

☐ _____

Progress Tracker

Weekly Goals

- ☐ _____
- ☐ _____
- ☐ _____
- ☐ _____
- ☐ _____
- ☐ _____
- ☐ _____
- ☐ _____
- ☐ _____
- ☐ _____

Questions & Issues

_____

_____

_____

_____

_____

_____

_____

_____

_____

_____

To-Do

- •
- •
- •
- •
- •
- •
- •
- •
- •
- •

Material Shopping List

- ☐ _____
- ☐ _____
- ☐ _____
- ☐ _____
- ☐ _____
- ☐ _____
- ☐ _____
- ☐ _____
- ☐ _____
- ☐ _____

Notes

_____

_____

_____

_____

_____

_____

_____

_____

_____

_____

_____

Sketchpad

Notes

Sketchpad

7 Room Name

_____

**Listen to other renovation stories,
hearing them can help you plan.**

Room Vision

Room Requirements

- [ ] L x W x H
- [ ] _____
- [ ] _____
- [ ] _____
- [ ] _____
- [ ] _____
- [ ] _____
- [ ] _____
- [ ] _____
- [ ] _____
- [ ] _____
- [ ] _____

Decor & Style Ideas

_____

_____

_____

_____

_____

_____

_____

_____

_____

_____

_____

_____

Sketchpad

Progress Tracker

Weekly Goals

- ☐ _____
- ☐ _____
- ☐ _____
- ☐ _____
- ☐ _____
- ☐ _____
- ☐ _____
- ☐ _____
- ☐ _____
- ☐ _____

Questions & Issues

_____

_____

_____

_____

_____

_____

_____

_____

_____

_____

To-Do

- •
- •
- •
- •
- •
- •
- •
- •
- •
- •

Material Shopping List

- ☐ _____
- ☐ _____
- ☐ _____
- ☐ _____
- ☐ _____
- ☐ _____
- ☐ _____
- ☐ _____
- ☐ _____
- ☐ _____

Progress Tracker

Weekly Goals

☐ _____
☐ _____
☐ _____
☐ _____
☐ _____
☐ _____
☐ _____
☐ _____
☐ _____
☐ _____

Questions & Issues

_____
_____
_____
_____
_____
_____
_____
_____
_____
_____

To-Do

-
-
-
-
-
-
-
-
-

Material Shopping List

☐ _____
☐ _____
☐ _____
☐ _____
☐ _____
☐ _____
☐ _____
☐ _____
☐ _____
☐ _____

Progress Tracker

Weekly Goals

- [ ] _____
- [ ] _____
- [ ] _____
- [ ] _____
- [ ] _____
- [ ] _____
- [ ] _____
- [ ] _____
- [ ] _____
- [ ] _____

Questions & Issues

_____
_____
_____
_____
_____
_____
_____
_____
_____
_____

To-Do

-
-
-
-
-
-
-
-
-
-

Material Shopping List

- [ ] _____
- [ ] _____
- [ ] _____
- [ ] _____
- [ ] _____
- [ ] _____
- [ ] _____
- [ ] _____
- [ ] _____
- [ ] _____

Progress Tracker

Weekly Goals

- ☐ _____
- ☐ _____
- ☐ _____
- ☐ _____
- ☐ _____
- ☐ _____
- ☐ _____
- ☐ _____
- ☐ _____
- ☐ _____

Questions & Issues

_____

_____

_____

_____

_____

_____

_____

_____

_____

_____

_____

To-Do

- •
- •
- •
- •
- •
- •
- •
- •
- •
- •

Material Shopping List

- ☐ _____
- ☐ _____
- ☐ _____
- ☐ _____
- ☐ _____
- ☐ _____
- ☐ _____
- ☐ _____
- ☐ _____
- ☐ _____

Notes

_____
_____
_____
_____
_____
_____
_____
_____
_____
_____
_____
_____

Sketchpad

Notes

Sketchpad

8 Room Name

_____

Don't be afraid to ask your contractor for references.

Room Vision

Room Requirements

- [ ] L x W x H _____
- [ ] _____
- [ ] _____
- [ ] _____
- [ ] _____
- [ ] _____
- [ ] _____
- [ ] _____
- [ ] _____
- [ ] _____
- [ ] _____

Decor & Style Ideas

_____

_____

_____

_____

_____

_____

_____

_____

_____

_____

Sketchpad

Progress Tracker

Weekly Goals

- ☐ _____
- ☐ _____
- ☐ _____
- ☐ _____
- ☐ _____
- ☐ _____
- ☐ _____
- ☐ _____
- ☐ _____
- ☐ _____

Questions & Issues

_____

_____

_____

_____

_____

_____

_____

_____

_____

_____

To-Do

- •
- •
- •
- •
- •
- •
- •
- •
- •

Material Shopping List

- ☐ _____
- ☐ _____
- ☐ _____
- ☐ _____
- ☐ _____
- ☐ _____
- ☐ _____
- ☐ _____
- ☐ _____
- ☐ _____

Progress Tracker

Weekly Goals

- [ ] _____
- [ ] _____
- [ ] _____
- [ ] _____
- [ ] _____
- [ ] _____
- [ ] _____
- [ ] _____
- [ ] _____
- [ ] _____

Questions & Issues

_____

_____

_____

_____

_____

_____

_____

_____

_____

_____

To-Do

-
-
-
-
-
-
-
-
-

Material Shopping List

- [ ] _____
- [ ] _____
- [ ] _____
- [ ] _____
- [ ] _____
- [ ] _____
- [ ] _____
- [ ] _____
- [ ] _____
- [ ] _____

Progress Tracker

Weekly Goals

- [ ] _____
- [ ] _____
- [ ] _____
- [ ] _____
- [ ] _____
- [ ] _____
- [ ] _____
- [ ] _____
- [ ] _____
- [ ] _____

Questions & Issues

_____

_____

_____

_____

_____

_____

_____

_____

_____

_____

To-Do

-
-
-
-
-
-
-
-
-

Material Shopping List

- [ ] _____
- [ ] _____
- [ ] _____
- [ ] _____
- [ ] _____
- [ ] _____
- [ ] _____
- [ ] _____
- [ ] _____
- [ ] _____

Progress Tracker

Weekly Goals

- [ ] _____
- [ ] _____
- [ ] _____
- [ ] _____
- [ ] _____
- [ ] _____
- [ ] _____
- [ ] _____
- [ ] _____
- [ ] _____

Questions & Issues

_____

_____

_____

_____

_____

_____

_____

_____

_____

_____

To-Do

-
-
-
-
-
-
-
-

Material Shopping List

- [ ] _____
- [ ] _____
- [ ] _____
- [ ] _____
- [ ] _____
- [ ] _____
- [ ] _____
- [ ] _____
- [ ] _____
- [ ] _____

Notes

Sketchpad

Notes

_____
_____
_____
_____
_____
_____
_____
_____
_____
_____
_____
_____
_____

Sketchpad

9 Room Name

_____

Schedule contractors in off-peak seasons, you can usually get lower rates.

Room Vision

Room Requirements

- [ ] L x W x H
- [ ] _____
- [ ] _____
- [ ] _____
- [ ] _____
- [ ] _____
- [ ] _____
- [ ] _____
- [ ] _____
- [ ] _____
- [ ] _____

Decor & Style Ideas

_____

_____

_____

_____

_____

_____

_____

_____

_____

_____

_____

Sketchpad

Progress Tracker

Weekly Goals

- [ ] _____
- [ ] _____
- [ ] _____
- [ ] _____
- [ ] _____
- [ ] _____
- [ ] _____
- [ ] _____
- [ ] _____
- [ ] _____

Questions & Issues

_____

_____

_____

_____

_____

_____

_____

_____

_____

_____

To-Do

-
-
-
-
-
-
-
-
-

Material Shopping List

- [ ] _____
- [ ] _____
- [ ] _____
- [ ] _____
- [ ] _____
- [ ] _____
- [ ] _____
- [ ] _____
- [ ] _____
- [ ] _____

Progress Tracker

Weekly Goals

- ☐ _____
- ☐ _____
- ☐ _____
- ☐ _____
- ☐ _____
- ☐ _____
- ☐ _____
- ☐ _____
- ☐ _____
- ☐ _____

Questions & Issues

_____

_____

_____

_____

_____

_____

_____

_____

_____

_____

To-Do

- •
- •
- •
- •
- •
- •
- •
- •
- •

Material Shopping List

- ☐ _____
- ☐ _____
- ☐ _____
- ☐ _____
- ☐ _____
- ☐ _____
- ☐ _____
- ☐ _____
- ☐ _____
- ☐ _____

Progress Tracker

Weekly Goals

- ☐ _____
- ☐ _____
- ☐ _____
- ☐ _____
- ☐ _____
- ☐ _____
- ☐ _____
- ☐ _____
- ☐ _____
- ☐ _____

Questions & Issues

_____

_____

_____

_____

_____

_____

_____

_____

_____

_____

To-Do

- •
- •
- •
- •
- •
- •
- •
- •
- •
- •

Material Shopping List

- ☐ _____
- ☐ _____
- ☐ _____
- ☐ _____
- ☐ _____
- ☐ _____
- ☐ _____
- ☐ _____
- ☐ _____
- ☐ _____

Progress Tracker

Weekly Goals

- [ ] _____
- [ ] _____
- [ ] _____
- [ ] _____
- [ ] _____
- [ ] _____
- [ ] _____
- [ ] _____
- [ ] _____
- [ ] _____

Questions & Issues

_____

_____

_____

_____

_____

_____

_____

_____

_____

_____

To-Do

-
-
-
-
-
-
-
-
-

Material Shopping List

- [ ] _____
- [ ] _____
- [ ] _____
- [ ] _____
- [ ] _____
- [ ] _____
- [ ] _____
- [ ] _____
- [ ] _____
- [ ] _____

Notes

Sketchpad

10 Room Name

_____

**Create a reno-free zone,
a tidy relaxation space helps.**

Room Vision

Room Requirements

- [ ] L x W x H
- [ ] _____
- [ ] _____
- [ ] _____
- [ ] _____
- [ ] _____
- [ ] _____
- [ ] _____
- [ ] _____
- [ ] _____
- [ ] _____

Decor & Style Ideas

_____

_____

_____

_____

_____

_____

_____

_____

_____

_____

Sketchpad

Progress Tracker

Weekly Goals

- [ ] _____
- [ ] _____
- [ ] _____
- [ ] _____
- [ ] _____
- [ ] _____
- [ ] _____
- [ ] _____
- [ ] _____
- [ ] _____

Questions & Issues

_____

_____

_____

_____

_____

_____

_____

_____

_____

_____

To-Do

-
-
-
-
-
-
-
-
-

Material Shopping List

- [ ] _____
- [ ] _____
- [ ] _____
- [ ] _____
- [ ] _____
- [ ] _____
- [ ] _____
- [ ] _____
- [ ] _____
- [ ] _____

Progress Tracker

Weekly Goals

- ☐ _____
- ☐ _____
- ☐ _____
- ☐ _____
- ☐ _____
- ☐ _____
- ☐ _____
- ☐ _____
- ☐ _____
- ☐ _____

Questions & Issues

_____

_____

_____

_____

_____

_____

_____

_____

_____

_____

_____

To-Do

- •
- •
- •
- •
- •
- •
- •
- •
- •

Material Shopping List

- ☐ _____
- ☐ _____
- ☐ _____
- ☐ _____
- ☐ _____
- ☐ _____
- ☐ _____
- ☐ _____
- ☐ _____
- ☐ _____

Progress Tracker

Weekly Goals

- ☐ _____
- ☐ _____
- ☐ _____
- ☐ _____
- ☐ _____
- ☐ _____
- ☐ _____
- ☐ _____
- ☐ _____
- ☐ _____

Questions & Issues

_____
_____
_____
_____
_____
_____
_____
_____
_____
_____

To-Do

- •
- •
- •
- •
- •
- •
- •
- •
- •
- •

Material Shopping List

- ☐ _____
- ☐ _____
- ☐ _____
- ☐ _____
- ☐ _____
- ☐ _____
- ☐ _____
- ☐ _____
- ☐ _____
- ☐ _____

Progress Tracker

Weekly Goals

☐ _____
☐ _____
☐ _____
☐ _____
☐ _____
☐ _____
☐ _____
☐ _____
☐ _____
☐ _____

Questions & Issues

_____
_____
_____
_____
_____
_____
_____
_____
_____
_____

To-Do

-
-
-
-
-
-
-
-
-

Material Shopping List

☐ _____
☐ _____
☐ _____
☐ _____
☐ _____
☐ _____
☐ _____
☐ _____
☐ _____
☐ _____

Notes

Sketchpad

Notes

_____
_____
_____
_____
_____
_____
_____
_____
_____
_____
_____
_____

Sketchpad

Master Checklist

Have Need

☐ ☐ _____

☐ ☐ _____

☐ ☐ _____

☐ ☐ _____

☐ ☐ _____

☐ ☐ _____

☐ ☐ _____

☐ ☐ _____

☐ ☐ _____

☐ ☐ _____

☐ ☐ _____

☐ ☐ _____

☐ ☐ _____

☐ ☐ _____

☐ ☐ _____

☐ ☐ _____

☐ ☐ _____

☐ ☐ _____

☐ ☐ _____

☐ ☐ _____

☐ ☐ _____

☐ ☐ _____

Master Checklist

Have Need

☐ ☐ _____
☐ ☐ _____
☐ ☐ _____
☐ ☐ _____
☐ ☐ _____
☐ ☐ _____
☐ ☐ _____
☐ ☐ _____
☐ ☐ _____
☐ ☐ _____
☐ ☐ _____
☐ ☐ _____
☐ ☐ _____
☐ ☐ _____
☐ ☐ _____
☐ ☐ _____
☐ ☐ _____
☐ ☐ _____
☐ ☐ _____
☐ ☐ _____
☐ ☐ _____
☐ ☐ _____

Master Checklist

Have Need

□ □ _____

□ □ _____

□ □ _____

□ □ _____

□ □ _____

□ □ _____

□ □ _____

□ □ _____

□ □ _____

□ □ _____

□ □ _____

□ □ _____

□ □ _____

□ □ _____

□ □ _____

□ □ _____

□ □ _____

□ □ _____

□ □ _____

□ □ _____

□ □ _____

□ □ _____

□ □ _____

Master Checklist

☐ ☐ _____

☐ ☐ _____

☐ ☐ _____

☐ ☐ _____

☐ ☐ _____

☐ ☐ _____

☐ ☐ _____

☐ ☐ _____

☐ ☐ _____

☐ ☐ _____

☐ ☐ _____

☐ ☐ _____

☐ ☐ _____

☐ ☐ _____

☐ ☐ _____

☐ ☐ _____

☐ ☐ _____

☐ ☐ _____

☐ ☐ _____

☐ ☐ _____

☐ ☐ _____

☐ ☐ _____

☐ ☐ _____

Master Checklist

Have Need

☐ ☐ _____

☐ ☐ _____

☐ ☐ _____

☐ ☐ _____

☐ ☐ _____

☐ ☐ _____

☐ ☐ _____

☐ ☐ _____

☐ ☐ _____

☐ ☐ _____

☐ ☐ _____

☐ ☐ _____

☐ ☐ _____

☐ ☐ _____

☐ ☐ _____

☐ ☐ _____

☐ ☐ _____

☐ ☐ _____

☐ ☐ _____

☐ ☐ _____

☐ ☐ _____

☐ ☐ _____

☐ ☐ _____

Master Checklist

Have Need

☐ ☐ _____

☐ ☐ _____

☐ ☐ _____

☐ ☐ _____

☐ ☐ _____

☐ ☐ _____

☐ ☐ _____

☐ ☐ _____

☐ ☐ _____

☐ ☐ _____

☐ ☐ _____

☐ ☐ _____

☐ ☐ _____

☐ ☐ _____

☐ ☐ _____

☐ ☐ _____

☐ ☐ _____

☐ ☐ _____

☐ ☐ _____

☐ ☐ _____

☐ ☐ _____

☐ ☐ _____

Master Checklist

Have Need

☐ ☐ _____

☐ ☐ _____

☐ ☐ _____

☐ ☐ _____

☐ ☐ _____

☐ ☐ _____

☐ ☐ _____

☐ ☐ _____

☐ ☐ _____

☐ ☐ _____

☐ ☐ _____

☐ ☐ _____

☐ ☐ _____

☐ ☐ _____

☐ ☐ _____

☐ ☐ _____

☐ ☐ _____

☐ ☐ _____

☐ ☐ _____

☐ ☐ _____

☐ ☐ _____

☐ ☐ _____

Master Checklist

Have Need

☐ ☐ _____

☐ ☐ _____

☐ ☐ _____

☐ ☐ _____

☐ ☐ _____

☐ ☐ _____

☐ ☐ _____

☐ ☐ _____

☐ ☐ _____

☐ ☐ _____

☐ ☐ _____

☐ ☐ _____

☐ ☐ _____

☐ ☐ _____

☐ ☐ _____

☐ ☐ _____

☐ ☐ _____

☐ ☐ _____

☐ ☐ _____

☐ ☐ _____

☐ ☐ _____

Notes

Sketchpad

Notes

_____
_____
_____
_____
_____
_____
_____
_____
_____
_____
_____
_____
_____

Sketchpad

Notes

_____
_____
_____
_____
_____
_____
_____
_____
_____
_____
_____
_____

Sketchpad

Notes

Sketchpad

Notes

_____

_____

_____

_____

_____

_____

_____

_____

_____

_____

_____

_____

Sketchpad

Notes

_____

_____

_____

_____

_____

_____

_____

_____

_____

_____

_____

Sketchpad

Notes

_____
_____
_____
_____
_____
_____
_____
_____
_____
_____
_____
_____
_____

Sketchpad

Notes

Sketchpad

Notes

Sketchpad

Notes

_____
_____
_____
_____
_____
_____
_____
_____
_____
_____
_____

Sketchpad

Made in the USA
Columbia, SC
01 August 2021